nombres
EXOTICOS
para
BEBE

MÓNICA STEVENS

nombres EXÓTICOS para BEBÉ

SELECTOR
actualidad editorial

NOMBRES EXOTICOS PARA BEBE

D.R. © 1991, Selector, S.A. de C.V.
DOCTOR ERAZO 120, COLONIA DOCTORES
MÉXICO, D.F. 06720 TEL. 588 72 72 FAX: 761 57 16

Portada: Blanca Cecilia Macedo

ISBN: 968−403−538−1

Vigésima reimpresión. Septiembre de 2001

*Para mi esposo Colin y mis hijos
Colin William y Ashley Joan, con todo mi amor.*

CONTENIDO

Introducción

Nuestro nombre es de vital importancia. Es la tarjeta de presentación que nos abre las puertas en toda ocasión, y un nombre sonoro, distinto y bello proporciona un carisma difícil de igualar.

¿Por qué reducir nuestras posibilidades habiendo nombres fabulosos en otros idiomas? Nombres de lugares, de flores, de gente famosa, de personajes de la realeza de todo el orbe, exóticos y distintos, que permiten a la persona ser especial, ya no solamente para sus padres, sino también para el resto de la gente que la rodea.

La actual movilidad del ser humano, su facilidad para visitar otros países y su acceso a otras costumbres y tradiciones va creando nuevas necesidades e intereses. Y esto no se reduce a la moda, ni a la comida ni a lo religioso, sino que ejerce ya una influencia importante en la elección de nombres para las generaciones futuras.

En México ya no nos conformamos con el consabido Guadalupe o María, ni siquiera son suficientes ya Antonio, Gabriela o Marcela, que aunque muy lindos, están ya muy utilizados. ¿De qué sirve un nombre soberbio si hay otras 45 María Teresas alrededor? A mí misma me ocurrió en el colegio. En mi salón de clases había otras cinco Mónicas, en un grupo de sólo 23 chicas.

Habiendo meditado cuidadosamente sobre este asunto, llegué a la conclusión de que todo el problema se reduce a conocer una gran variedad de nombres, con su respectivo origen o significado.

Con esta nueva obra deseo facilitar al lector el acceso a nombres sofisticados, exclusivos y, sobre todo, distintos a los que se utilizan generalmente en nuestro país.

Quedarán sorprendidos al darse cuenta de la gran diferencia que hace una simple traducción a otro idioma. De ahí la sección Variaciones a Otros Idiomas que muestra una serie de versiones distintas de los nombres más populares del mundo.

He dividido este libro en otras muchas secciones para facilitar la búsqueda de intereses en particular, además de haber creado una amplia sección de nombres en general, procedentes de más de 20 países. Hay para todos los gustos y necesidades. Desde nombres de la realeza, hasta nombres indígenas de toda la América Latina, verdaderas joyas en náhuatl, maya o tupí; nombres rusos, escandinavos, mitológicos o modernos; orientales u occidentales, románticos y religiosos que hacen una selección de más de 800 nombres entre los cuales elegir.

UN RECORDATORIO A LOS PADRES DE FAMILIA

Además del gusto personal de los padres, de sus aficiones y metas, se debe siempre tomar en cuenta la fisonomía y personalidad del bebé.

Aunque la personalidad es difícil, y hasta imposible, de definir durante los primeros días de vida del bebé, la fisonomía sí da un indicio de cómo será la criatura: si morena, blanca o rubia, de ojos grandes o pequeños, de orejas delicadas o prominentes, de cabello hirsuto o suave, de boca carmesí o pálida, de barba partida y detalles semejantes.

Por tanto, recuerde: a una niña morenita no es conveniente llamarla Blanche ni Perla, y a un bebé narigoncillo no le va nada bien el nombre de Cyrano.

NOMBRES, NOMBRES
Y
MAS NOMBRES...

LA COLECCION PARA NIÑO

Adam Variación inglesa del hebreo Adán, "hombre" o "tierra roja".

Adelchi (italiano) "la lanza del noble". Se pronuncia Adelqui.

Akin (turco) "guerrero". Se pronuncia Akin.

Akira (japonés) "alegre".

Alan (celta) "apuesto". El actor norteamericano Alan Alda de la serie "Mash".

Alastair (escocés). Forma escocesa de Alejandro, "protector de los hombres".

Alban (latín) "blanco".

Aldo (germano) "rico". El actor Aldo Monti.

Alistair   Variación de Alastair.

Amadeo   (latín) "aquel que adora al Señor".
Variación: Amadeus. Wolfgang
Amadeus Mozart, el gran composi-
tor clásico.

Amadís   (francés antiguo). Variación de
Amadeo.

Amar   (hindi) "el inmortal".

Anatole   (griego) "procedente de Oriente".
Anatole France, Premio Nobel de
Literatura en 1921.

Anaxágoras   (griego) "el jefe de la reunión". Destacado filósofo griego del siglo V a.C.

Andrea   (italiano). Variación de Andrés, "va-
ronil". El hijo mayor de la princesa
Carolina de Mónaco y de Stefano
Casiraghi.

Andrómaco   (griego) "hombre de batalla".

Angus   (gaélico) "elección única". Nombre
muy popular en Escocia.

Ansaldo   (germano) "que tiene el poder de los
dioses".

Anson (germano) "hijo de Juan".

Antún (árabe). Variación de Antonio. Nombre de un pueblo latino.

Armando (germano) "héroe del ejército".

Armengol (catalán) "el que vale por su ganado". Más utilizado como apellido.

Armentario (latín) "pastor de ganado mayor".

Arnaldo (germano) "el que tiene el poder del águila". Variación de Arnold.

Arn (germano) "águila". El príncipe Arn, hijo del príncipe Valiente en las tiras cómicas.

Arquelao (griego) "el que gobierna al pueblo".

Ashley (inglés) "pradera de fresnos". Ashley Wilkes, el caballero sureño de la novela de Margaret Mitchell, "Lo que el viento se llevó".

Aubrey (germano-francés) "gobierno de duendes". Nombre popular en los países de habla inglesa. Sir Aubrey Mayo, el hermano de Diana Mayo en la novela de E. M. Hull, "El Arabe". Se pronuncia Oubri.

Axel (sueco) "poderoso defensor".

Baldo (germano) "famoso por su audacia".

Balduino (germano) "amigo intrépido". El rey Balduino de Bélgica.

Barlaam (arameo) "hijo del pueblo". Un nombre muy antiguo.

Barry (irlandés) "lanza"; o bien (galés) "hijo de Harry" (Enrique). El compositor norteamericano Barry Manilow.

Basil (griego) "real". El actor Basil Rathbone, intérprete del investigador Sherlock Holmes en un sinnúmero de filmes.

Beda (germano) "el que rige".

Beethoven (holandés) "cortijos de remolacha". El compositor Ludwig van Beethoven.

Bela (húngaro) "noble y brillante". Variación de Adalberto y Alberto. El actor Bela Lugosi, protagonista de Drácula.

Benvenuto (italiano) "bienvenido". Nombre de buena suerte para un primogénito.

Berardo   (germano) "fuerte como el jabalí."

Boris   (ruso) "guerrero". El actor Boris Karloff y el bailarín de ballet clásico Boris Goudonov.

Brandon   (anglosajón) "espada".

Brian   (celta) "fuerte". El actor Brian Keith. Brian Boru, heroico rey irlandés del siglo I, vencedor de los invasores daneses. Se pronuncia Bráyan.

Bruce   (nombre de un lugar en Francia, Bruys, un castillo cercano a Cherburgo) El actor norteamericano Bruce Dern.

Butros   (árabe) "roca". Variación de Pedro.

Byron   (anglosajón) "oso". Nombre de un lugar inglés, Byrom. El famoso poeta inglés, George Gordon, Lord Byron.

Carey   (inglés). Nombre de un lugar en Inglaterra; o bien (galés) "isla rocosa". Variación: Cary, como en el caso del actor Cary Grant.

Carson   (galés) "hijo de Caer", que significa "castillo".

Cecil

(latín). Nombre de un pueblo romano. El productor cinematográfico Cecil B. De Mille ("Los Diez Mandamientos").

Cedric.

Nombre inventado para la literatura por sir Walter Scott para su novela "Ivanhoe".

Chaim

(hebreo-oriental) "un ser vivo". Variación de Jaime.

Charanjiv

(hindi) "el longevo". Se pronuncia Charanyív.

Christian

(latín) "cristiano". El famoso médico Christian Barnard y el diseñador de modas Christian Dior.

Cleómenes

(griego). Derivado de Kleómenes, "proeza gloriosa".

Colin

(irlandés) "paloma" o "cachorrito". Se pronuncia Cólin.

Contardo

(germano) "atrevido en la batalla".

Corney

(irlandés) "el hombre del cuerno". Variación de Cornelio.

Dag

(germano) "claridad". Nombre popular en los países escandinavos.

Danilo
(servocroata) "Dios es mi juez". Variación de Daniel.

Dante
(germano). Derivado de Thor, dios del trueno en la mitología escandinava. (Abreviatura de Durante). Dante Alighieri, autor de la Divina Comedia.

Darío
(persa) "adinerado". Darío el Grande, rey de Persia.

Darrell
(francés). Nombre de un lugar en Francia (D'Orrell); o bien (inglés) "región de animales salvajes".

Dean
(anglosajón) "valle". Se pronuncia Dín. El actor norteamericano Dean Jones.

Dennis
(grecolatino). Variación de Dionisio, el dios de la vegetación y del vino en la mitología romana (equivalente al griego Baco). El nombre en inglés de Daniel el Travieso (Dennis the Menace).

Derek
(holandés) "el gobierno del pueblo". Abreviatura de Theodoric o del germano Derrick.

Desmond
(irlandés). Nombre de un lugar al sur de South Munster en Irlanda.

Dexter (latín) "afortunado". El tercer marido de Alexis, Dex Dexter, en la serie de televisión "Dinastía".

Dominic (inglés) "consagrado al Señor". Variación de Domingo. Se pronuncia Dóminic.

Donald (gaélico) "el amo del mundo". El famoso pato del mismo nombre, obra del caricaturista Walter Elias Disney. El actor norteamericano Donald Sutherland.

Donnet (antiguo inglés) "regalo de Dios". Variación de Donato.

Dorian (inglés derivado del griego "Dorios"). El personaje Dorian Grey, quien no envejecía puesto que tenía un cuadro que lo hacía por él.

Duarte (portugués) "riqueza". Variación de Eduardo.

Duncan (celta) "el guerrero moreno". Se pronuncia Dóncan.

Dunstan (anglosajón) "piedra de la colina". Se pronuncia Dónstan.

Emlyn   (galés). Variación de latín Emiliano. Nombre de un santo de principios de siglo de la era cristiana.

Eneko   (vasco). Antigua versión de Iñigo.

Ernani   (vasco) "la cima de la colina".

Farid   (árabe) "el inigualable".

Galahad   (inglés) "la montaña del testimonio". Variación de Galeote. Sir Galahad, famoso personaje literario de tiempos del rey Arturo de Camelot.

Galo   (latín) "procedente de las Galias".

Gaspar   (persa) "el guardián de los tesoros". Nombre de uno de los tres reyes magos.

Giles   (inglés) "caprino". Se pronuncia Yáils.

Gundhard   (germano) "atrevido en la batalla". Variación de Contardo.

Habib   (árabe-hebreo) "querido".

Hagtar   (noruego) "el halcón de Thor".

Hayyim   (árabe). Variación de Jaime.

Heikki   (finlandés) "el jefe de la casa". Variación de Enrique.

Ian   (irlandés). Variación de Juan. Ver Variaciones a Otros Idiomas.

Ilya   (ruso) "mi Dios es Jehová". Variación del hebreo Elías.

Isamu   (japonés) "valiente".

Imanol   (vasco). Variación de Manuel, "Dios está con nosotros".

Jaim   Variación de Chaim.

Jamil   (árabe) "bello". Variación de Yamil.

Jayanti   (hindi) "aniversario sagrado".

Jayim   Variación de Chaim.

Jordi   (catalán) "granjero".   Variación del griego Jorge.

Josua   (inglés). Variación de Josué. Ver Nombres Israelitas.

Kaled   (árabe) "el inmortal".

Kenji   (japonés) "saludable".

Kenneth   (celta) "apuesto". El actor inglés Kenneth More.

Kenny   Diminutivo de Kenneth. El cantar norteamericano Kenny Rogers.

Drishna   (hindi). Uno de los dioses de la mitología hindú quien, junto con Ram, vino al mundo a combatir el mal.

Liam   (irlandés) "quien se protege con su propia voluntad". Posible variación de Guillermo.

Ludwig   (germano) "príncipe guerrero". Variación de Luis. Ludwig van Beethoven, compositor clásico alemán.

Lyle   (francés) "procedente de la isla". Lyle Wagoner, actor norteamericano del Show de Carol Burnett.

Malcolm   (celta) "discípulo de Columbia". El hijo del rey Duncan en la obra de Shakespeare, "Macbeth".

Manelick   (catalán). Variación de Manuel, que significa "Dios está con nosotros".

Medí   (catalán) "mitad-león". Variación de Emeterio.

Menelao   (griego) "la fuerza del pueblo". El esposo de Elena de Troya, a quien ella abandona por el príncipe Paris.

Miled   (árabe) "nacimiento del Señor". Se festeja el 24 de diciembre.

Miles   (germano) "el misericordioso". Se pronuncia Máils.

Mischa   (ruso). Variación de Miguel: "¿Quién es como el Señor?"

Mordecai   Derivado de Marduc, un dios persa.

Morgan   (celta) "el hombre del mar". El pirata sir Henry Morgan, uno de los más famosos personajes de la historia marítima británica.

Nadir   (árabe) "el contrario".

Naresh   (hindi) "rey".

Neil   (irlandés) "jefe"; o bien (latín) "oscuro". El cantante Neil Sedaka. Se pronuncia Níl.

Nezih   (turco) "auténtico, noble". Se pronuncia Nezíj.

Nigel   (latín) "negro". Se pronuncia Náiyel.

Noel　(francés) "nacimiento de Cristo". Noel Coward, famoso actor y director inglés.

Norman　(anglosajón). Derivado originalmente del término "hombre del norte", que se aplicó mas tarde a los invasores llegados de Normandía.

Nüzhet　(turco) "flor". Se pronuncia Niuzét. Nombre que puede usarse indistintamente para hombre y para mujer.

Olaf　(nórdico) "antecesor". El primer rey cristiano de Noruega (siglo II d.C).

Omar　(árabe) "constructor". El poeta Omar Khayyám, autor del Rubáiyát, famoso libro de poesía árabe.

Önder　(turco) "líder". Se pronuncia Oender.

Orestes　(griego) "montaña". El hijo de Agamemnón y Clytemnestra en la mitología griega.

Orlando　(italiano). Variación de Rolando, "tierra famosa".

Osvaldo　(anglosajón) "poder divino".

Otto   (germano) "rico". Nombre favorito entre la nobleza germana y austriaca.

Ovidio   (latín) "pastor".

Owen   (galés) "cordero".

Patrick   (latín) "de noble cuna". Variación de Patricio, que era el término utilizado para la nobleza romana. Los actores Patrick McNee y Patrick Duffy.

Paddy   (irlandés). Diminutivo de Padraic o Patrick. Paddy, el padre de Meggie en la novela de Colleen McCulough, "El pájaro espino".

Padraic   (irlandés). Variación de Patrick.

Percival   (francés) "observa el valle". Nombre inventado por Chrétien de Troyes, un poeta del siglo XII quien escribió acerca del héroe Percival y su búsqueda por el cáliz sagrado.

Philip   (griego) "amante de los caballos". Variación de Felipe. El príncipe Philip de Inglaterra, esposo de la reina Elizabeth II. Se pronuncia Fílip.

Pierce
(inglés). Derivado de Peter, que significa "roca". El actor Pierce Brosnan, de la serie "Remington Steele" y "Noble House".

Preston
(inglés). Nombre de un lugar, Priesttown ("pueblo del sacerdote").

Prescott
(inglés). Nombre de un lugar, "la cabaña del sacerdote".

Ramlal
(hindi) "hijo del dios Ram". Uno de las dos diosas que, según la mitología hindú, vinieron al mundo a eliminar el mal.

Ravi
(hindi). Un río del Punjab en la India.

Rex
(latín) "rey". El actor inglés Rex Harrison, el inolvidable profesor Higgins de la película "Mi Bella Dama".

Rhys
(celta) "héroe"; o bien (galés) "ardor, ímpetu". Se pronuncia Rís. El actor británico John Rhys-Davies.

Richard
(germano) "poderoso gobernante". Variación de Ricardo. El actor Richard Burton, el rey Richard The Lion-Hearted (Ricardo Corazón de León).

Robin

(inglés). Diminutivo de Robert, "de fama brillante". El actor norteamericano Robin Williams. El famoso bandolero del bosque de Sherwood, Robin Hood.

Robinson

(inglés) "hijo de Robin". La novela de Daniel Defoe, "Robinson Crusoe".

Rock

(antiguo inglés) "procedente de las rocas". El fallecido actor Rock Hudson.

Roland

(germano) "tierra famosa". Variación de Rolando. El actor Roland Young.

Roldán

(francés). Un miembro del ejército de Carlomagno que combatió en España a los moros. De los comics, Roldán el Temerario.

Román

(latín) "relativo a Roma". El director de cine Román Polanski.

Rory

(irlandés) "el rojo". Nombre popular entre los jefes irlandeses de la antigüedad. Rory Calhoun, actor estadounidense.

Ross

(escocés) "promontorio"; o bien (anglosajón) "caballo".

Roy
(celta) "el pelirrojo"; o bien (francés) "rey".

Rudyard
(antiguo inglés) "en la pastura roja". El origen de este nombre se remonta a la época del imperio británico en la India. Rudyard Kipling, extraordinario poeta y escritor británico, nacido en la India, autor de "El libro de las Tierras Vírgenes".

Rutland
(inglés). Antiguo condado de Inglaterra. Se pronuncia Rótland.

Sameer
(hindi) "aire". Se pronuncia Samír.

Sascha
(ruso). Diminutivo de Alexei (Alejandro).

Satoshi
(japonés) "inteligente".

Sean
(escocés). Variación de Juan "Jehová ha sido bondadoso". Variación gráfica: Shaun. Se pronuncia Shón. El actor británico Sean Connery, famoso por su personaje de James Bond.

Sertaç
(turco) "corona". Se pronuncia Sertách.

Shafick
(árabe) "el justo".

Sheldon (anglosajón) "la cabaña de la colina". Nombre de un lugar. El escritor norteamericano Sidney Sheldon, autor de "Más allá de la media noche".

Sigfrid (germano) "paz y victoria". Variación de Siegfried. Uno de los personajes de Los Nibelungos, el apuesto y poderoso héroe de la mitología teutona.

Sinclair (latín derivado del francés) "santo" y "famoso". El novelista Sinclair Lewis.

Stuart (anglosajón) "el cuidador". Variación de Estuardo. La familia real de los Stuart en Escocia, de donde surgió María Estuardo (Mary Stuart).

Silvano (latín) "procedente del bosque". El dios de los bosques de la mitología romana. Silvano Treviño, personaje interpretado por Pedro Infante en las películas "La oveja negra" y "No desearás la mujer de tu hijo".

Sonu (hindi) "apuesto".

Susumu (japonés) "avance".

Takeshi (japonés) "el fuerte".

Tetsuya (japonés) "inteligente".

Thor

(nórdico). El dios del trueno en la mitología vikinga. El autor Thor Heyerdahl ("La expedición del Kon Tiki".)

Uday

(hindi) "el sol saliente". Se pronuncia Udé.

Vijay

(hindi) "el conquistador". Se pronuncia Viyéi.

Vinod

(hindi) "el que siempre sonríe".

Yamil

(árabe). Variación de Jamil ("bello").

LA COLECCION
PARA NIÑA

Afrodita

(griego). La diosa del Amor en la mitología griega, quien nació de la espuma del mar. Era también la diosa del Deseo, la Dulzura y la Alegría. Llevaba atada a su cintura la magia de la pasión.

Agafia

(ruso). Variación de Agatha.

Agatha

(griego) "buena". La popular escritora inglesa de relatos de misterio, Agatha Christie.

Agnes

(griego) "la pura". Variación del español Inés. La actriz norteamericana Agnes Moorehead y la cantante de ópera Agnes Baltsa.

Agueda Variación de Agatha.

Aimée (francés) "amada". Se pronuncia Emé, o bien Aimée, tal como se escribe, que es una adaptación de las islas caribeñas.

Alanna (celta-irlandés) "bella y brillante". Alanna Stewart, ex esposa del cantante inglés Rod Stewart.

Alba (latín) "aurora".

Alida (griego). Derivado de Elida, región del Peloponeso, donde se celebraban los Juegos Olímpicos.

Aileen (irlandés) "brillante". Variación de Elena. Se pronuncia Ailín.

Amina (árabe). El nombre de la madre de Mahoma.

Amira (árabe) "princesa".

Apriori (latín). Nombre del eclipse del siglo, conocido como "El Eclipse de México", acaecido el 11 de julio de 1991.

Arlena (origen desconocido). Se pronuncia Arlena o Arlina. Variaciones gráficas: Arlene, Arline, Arlen.

Armida (germano) "protección a través de la fuerza". La hechicera de la novela "Jerusalén Libertada".

Arielle (francés) "león de Dios". Derivado del hebreo masculino, Ariel.

Artemisa (griego) Era la diosa de la Cacería y de la Luna, en la mitología griega. El equivalente a Diana, en la mitología romana.

Arzu (turco) "deseo". Se pronuncia Arzú.

Ashima (hindi) "sin límites".

Ashley (inglés) "pradera de fresnos". Se pronuncia Ashli. Este nombre puede usarse indistintamente para hombre y mujer.

Astrid (nórdico) "fuerza divina".

Atalanta (griego) "que no se deja dominar". Nombre de una ninfa muy veloz en la mitología griega, quien se negaba a casarse hasta encontrar a alguien más rápido que ella.

Aura (latín) "brisa".

Aurea (latín) "de oro".

Azalea   (latín) "seco, árido". Nombre de una flor.

Azucena   (árabe) "blancura, pureza". También el nombre de una flor blanca.

Begonia   (francés). Nombre de una flor del continente americano.

Belinda   (germano) "el escudo del oso".

Berenice   (macedonio) "la que lleva la victoria". Una mártir siria del siglo IV.

Benedicta   (latín) "bendita".

Benilde   (germano) "el combate del oso".

Bernadette   (francés). Diminuto del alemán Bernarda. Santa Bernadette, vidente de Lourdes, Francia, a quien se le apareció la Virgen en una gruta de donde surgió un manantial milagroso.

Bernarda   (germano) "fuerte como un oso".

Bettina   (italiano). Variación de Elizabeth. La actriz Bettina Haro Oliva.

Brenda   (escocés) "espada". Procedente de las islas Shetland en Escocia. La heroína de la novela "El Pirata", de sir Walter Scott.

Bryna   (eslavo) "protectora".

Bugambilia (francés). Nombre de una flor descubierta por L. Antoine de Bougainville, famoso navegante del siglo XVIII, quien la introdujo a Europa.

Camelia   (italiano). Flor asiática llamada así por el jesuita italiano Camelli, quien la llevó a Europa en el siglo XVII.

Camila   (latín) "noble doncella de inefable carácter. Variación: Camilla. La actriz italiana Camilla Sparv.

Cara   (celta) "amiga".

Carina   (italiano) "graciosa, linda". Diminutivo de Cara ("querida") en ese idioma.

Carisa   (griego) "belleza, gracia".

Carla   (germano) "amante". Variación gráfica: Karla.

Carrie   (inglés). Variación de Carolina, "fuerte". La actriz norteamericana Carrie Fisher.

Cassandra   (griego) "la que involucra a los hombres". Nombre de una princesa troyana, hija del rey Príamo y hermana de Héctor y Paris, quien tenía el don de la profecía.

Castalia   (griego) "pura".

Cathleen   (irlandés). Variación de Katherine, "pura". Se pronuncia Cathlín.

Caterina   (italiano). Variación de Catalina. La protagonista principal de la obra de W. Shakespeare, "La Fierecilla Domada".

Celeste   (latín) "relacionada con el cielo".

Celiflora   (latín). Combinación de cielo y flor.

Cibeles   (griego). Una de las diosas de la mitología griega. Nombre de una fuente muy famosa en Madrid, España, y de otra en México, D.F., en la Plaza Miravalle.

Cirenia   (latín) "procedente de Cirene, capital de Cirenaica".

Cheryl   (inglés). Posible variación de Carolina.

Clarisa   (latín). Derivado de Clara, "ilustre". Nombre de una orden religiosa.

Claudina (latín). Diminutivo de Claudia. Nombre de un pueblo romano.

Clelia (latín). Nombre de un pueblo romano, o bien (griego) "gloria".

Cleo (griego). Variación de Clío, "celebridad".

Cleónice (griego) "gloria".

Cleopatra (griego) "la gloria del padre". Reina egipcia dotada de gran talento, y amante de los conquistadores romanos Julio César y Marco Antonio.

Climena (griego) "el valor de la gloria". Según la mitología griega, Climena fue la madre de los titanes Atlas y Prometeo.

Clío (griego) "celebridad".

Cloe (griego) "pasto nuevo".

Clorinda Nombre compuesto del griego Cloris y la terminación "linda".

Cloris (griego) "pálida". La hija menor de Niobe y la única que escapó a las celosas y vengativas flechas de Apolo y Diana, y que deriva su nombre de la palidez que adquirió debido a su terrible experiencia.

Colleen
(celta-irlandés) "jovencita". Femenino de Colin. Se pronuncia Colín.

Colette
(francés). Variación de Nicolette, "vencedora de un pueblo". Heroína de la obra "Jerusalén Libertada"

Columba
(latín) "paloma". La actriz mexicana Columba Domínguez.

Constancia
(latín) "permanecer".

Constanza
(francés-italiano). Variación de Constancia. Constanza Bonacieux, el amor de D'Artagnan, en la obra de Alexandre Dumas, "Los Tres Mosqueteros".

Cora
(griego) "virgen, doncella".

Coral
(latín) "piedrecilla". Nombre de una joya marina.

Coralie
(francés). Variación de Coral. Se pronuncia Coralí.

Corallina
(italiano) "similar al coral".

Cordelia
(latín) "corazón".

Corinna   (griego). Diminutivo de Cora ("virgen").

Cornelia   (latín). Nombre de un pueblo romano.

Cosette   (francés) "ejército victorioso". Nombre de la hija adoptiva de Jean Valjean en la novela de Víctor Hugo, "Los miserables".

Cyrene   (griego). La ninfa que el dios Apolo llevó a Libia.

Dafne   (griego). La ninfa que, perseguida por Apolo, quedó convertida en Laurel, según la mitología griega.

Dagmar   (danés) "claridad".

Daisy   (inglés). Variación de Margarita ("perla"). Se pronuncia Déisi.

Dalia   (español). Flor mexicana, llamada así en honor del botánico sueco Dahl.

Danae   (griego) "árido". Doncella que, según la mitología griega, fue conquistada por zeus al convertirse éste en una lluvia de oro.

Dea   (latín) "diosa".

Delicia   (latín) "algo delicioso"

Demet   (turco) "ramo de flores". Se pronuncia Demét.

Deméter   (griego) "tierra maternal". La diosa de las siembras y cultivos en la mitología griega.

Denise   (francés). Variación de Dionisia, "consagrada al dios Baco".

Desirée   (francés). Variación de Deseada (latín). Desirée, la amante de Napoléon.

Deyanira   (griego) "destructora de hombres". Nombre de la esposa de Hércules.

Diana   (latín) "divina". La princesa Diana de Inglaterra. La diosa de la caza en la mitología romana.

Dinorah   (arameo) "referente a la luz".

Dirce   (griego). Nombre proveniente de la Biblia, que significa "fruto del pino".

Diya   (hindi) "de personalidad resplandeciente"

Doménica   (italiano). Relativo a domingo, "consagrado a Dios".

Dominique   (francés). Variación de Doménica y de Dominga. Se pronuncia Dóminic.

Dorcas   (griego) "gacela". Una de las novias en la película "Siete novias para siete hermanos".

Edmée   (francés) "riqueza". Se pronuncia Edmé.

Edurne   (vasco) "nieve".

Eglé   (griego) "brillo del sol". La madre de las Tres Gracias, según la mitología griega.

Eira   (escandinavo). La diosa de la Salud de la mitología escandinava.

Elaia   (griego). Hermana de Esper y Ocnó. Según la mitología griega tenía el poder de trocar en aceite todo lo que tocaba.

Electra   (griego) "brillante".

Elga   (nórdico) "santa". Variación gráfica de Helga.

Elaine   (francés). Variación de Elena, "brillante". Se pronuncia Iléin.

Eliana (griego) "el sol".

Ella (anglo-normando) "señora". Se pronuncia Ela.

Emma (antiguo germano) "la universal".

Enid (antiguo galés) "pureza". Se pronuncia Inid. De la obra de Alfred, Lord Tennyson, "The Idylls of the King".

Erda (germano) "tierra".

Erin (gaélico) "Irlanda". Nombre de una reina legendaria.

Euríneme (griego). Amante de Zeus e hija de Okéanos y Thetis.

Evelyn (antiguo germano) "atractiva". La presentadora Evelyn Lapuente.

Fátima (árabe) "la maravillosa".

Fedora (ruso) "regalo de Dios". Variación de Teodora. La actriz Fedora Capdeville.

Flaminia "Relativo a llamas." Nombre de un pueblo latino.

Friné   (griego) "la hembra del sapo". Sobrenombre que se daba a algunas mujeres morenas en la antigua Grecia.

Ganga   (hindi). Referente al río Ganges, considerado como uno de los dos ríos sagrados de la India, y como la Diosa Madre que cuida y alimenta a la humanidad. Nombre muy popular en la India.

Gemma   (latín) "piedra preciosa". Nombre de la esposa del escritor italiano Dante Allighieri.

Genevieve   (francés) "blanca como las olas". Variación de Genoveva.

Gerda   (germano). Nombre de la diosa vikinga de la fertilidad.

Gigudem   (turco) "rocío". Se pronuncia Yidém.

Ginette   (italiano). Variación del galés Genoveva.

Giselle   (francés) "súplica". Nombre de un famoso ballet clásico.

Glynis   (galés) "pequeño valle". La actriz inglesa Glynis Johns.

Golda　(anglosajón) "oro". La estadista israelita Golda Meir.

Grace　(latín). Derivado de Gracia. La desparecida princesa Grace de Mónaco.

Greta　(germano). Abreviación de Margaret. La actriz sueca Greta Garbo.

Grizel　(escocés) "gris".

Guinevere　(galés) "de blancas mejillas". La reina Guinevere, esposa del Rey Arturo en la mitología anglosajona. Se pronuncia Güínevier.

Gül　(turco) "rosa". Se pronuncia Guiul.

Gwen　(galés) "blanca". Nombre popular en los países de habla inglesa. Abreviación de Gwendolyn.

Gwyneth　(galés) "bendita". Nombre de un lugar en el País de Gales. Se pronuncia Güíned.

Habibeh　(árabe). El nombre de la Begum Aga Kan, una de las mujeres más elegantes del mundo.

Harintu　(asirio) "persuasión" Una diosa casquivana, esposa de Dunmuzi en la mitología asiria.

Hazel (inglés antiguo) "el nogal". Se pronuncia Jéisel.

Heather (inglés) "arbusto de brezo". Flor de color violeta que adorna las montañas de Escocia. Se pronuncia Jéder.

Hebe (griego) "en la flor de la edad". La diosa del Olimpo, encargada de servir el néctar a los demás dioses.

Heidi (germano). Variación de Adalheid "nobleza". La novela "Heidi" de Johanna Spyri. Se pronuncia Jáidi.

Helga (escandinavo) "sagrada". Variación de Olga. Se pronuncia Jelga.

Helué (árabe) "bonita, dulce". Se pronuncia Jelué.

Hena (árabe). La musa de la poesía árabe. Se pronuncia Jena.

Holy (inglés antiguo) "árbol de acebo".

Ida (germano). Derivado del celta "ita", que significa "sed".

Idalia (griego) "he visto el sol". Referente al monte Idalium en la Isla de Chipre, donde hay un templo dedicado a esta deidad. La actriz de teatro y periodista María Idalia.

Imogen   (inglés). Personaje de una obra de William Shakespeare. Se pronuncia Ímoyen.

Inci   (turco) "perla". Se pronuncia Inyi.

Inga   (escandinavo) "juventud". Nombre de una deidad teutona. Variaciones: Inger, Inge.

Isa   (germano) "hierro".

Isadora   (griego) "regalo de Isis". La bailarina Isadora Duncan.

Ishtar   (sumerio). La virgen de Babilonia.

Isolda   (celta). Personaje de leyenda que, enamorada de Tristán, aunque comprometida con el rey de Cornualles, encuentra un final trágico junto con su amante.

Ivanka   (yugoslavo). Variación de Juana. Ivanka Trump. Ver Nombres del Jet Set.

Iréndira   Variación gráfica del tarasco Eréndira. Ver Nombres Autóctonos.

Irlanda

(nórdico). Nombre que dieron los invasores vikingos a la isla al oeste de Gran Bretaña.

Italia

(griego antiguo) "toro". Nombre de un país al sur de Europa.

Jessamyn

(inglés). Variación de Jazmín. Se pronuncia Yésamin.

Joanna

(inglés). Variación de Joan, "Dios es bueno".

Josette

(francés). Diminutivo de Josefina.

Juncal

(español) "lugar de juncos". Juncal Rivero, Miss Europa 1984.

Kaikeya

(sánscrito). La segunda esposa del rey Dasaratha en la mitología hindú.

Karime

(árabe). Variación de Ana.

Kathleen

Forma irlandesa de Catalina.

Kazuyo

(japonés) "paz".

Kelda

(antiguo nórdico) "una primavera".

Keiko

(japonés) "respetar".

Kerry

(irlandés) "mujer de tez morena". Referente a un condado de la República de Irlanda.

Kim (celta) "jefe". También puede ser abreviatura de Kimberley, como en el nombre del famoso diamante.

Kirene (latín). La ninfa de Tesalia (conocida como Coronis en la mitología griega), quien logró dominar a un poderoso león sin más armas que sus manos.

Kyra Variación del griego Ciro, "trono".

Laila (árabe) "noche".

Lalla (indostano) "tulipán". Se pronuncia Lála.

Lavinia (latín) "piedra". Nombre utilizado en Gran Bretaña.

Lea Variación del israelita Lía. (Ver Nombres Israelitas.)

Leilani (hawaiano) "flor celestial".

Lesbia (griego) "procedente de la isla de Lesbos".

Linette (francés medieval) "ídolo". Nombre de un ave. Variación: Lynette, Linnet.

Lorelei   (germano) "la atrayente". Nombre de la famosa sirena de Wagner. Se pronuncia Lórelai.

Lorna   Nombre literario inventado por Richard D. Blackmore para su famosa novela "Lorna Doone", cuya trama se desarrolla en el Condado de Devon, Inglaterra.

Luba   (ruso) "amor".

Ludmilla   (eslavo) "amada por el pueblo". Se pronuncia Ludmila.

Lydia   (latín) "una mujer de Lidia". Referente a un antiguo país de Asia Menor, que alguna vez fue parte del dominio del acaudalado Cresus.

Madhubala   (hindi) "la niña de la miel".

Magnolia   El nombre de una flor blanca.

Maia   (griego) "madre". Una de las Pléyades, hija de Atlas y Peyone y madre de Hermes, el mensajero de los dioses en la mitología griega. En la mitología romana, Maia dio su nombre al mes de mayo.

Maida   (germano) "doncella". También un lugar en Italia, escenario de una batalla victoriosa para los británicos en 1806.

Marguerite   (francés). Variación de Margarita. Se pronuncia Marguerít.

Mari   (japonés) "verdad".

Maridel   Variación de María.

Marina   (latín) "proveniente del mar". El nombre de la duquesa de Kent.

Maya   Variación de Maia.

Medora   "origen inglés". Nombre inventado por el poeta Lord Byron para su obra "El Corsario".

Mirabel   (latín) "maravillosa".

Mirza   (persa) "ama y señora".

Moira   (irlandés). Variación de María.

Mona   (irlandés) "la noble". La cantante Mona Bell.

Morgana   (celta) "originaria del mar". La heroína de la película "Los Vikingos".

Muna   (árabe) "deseo".

Muriel   (irlandés) "brillante como el mar". Se pronuncia Miúriel.

Najla   (árabe) "la de los grandes ojos". Se pronuncia Nashla.

Nadia   (eslavo) "esperanza". La gimnasta rumana Nadia Comaneci.

Nadine   (francés, derivado del ruso). Variación de Nadia.

Naomi   (variación del hebreo Noemí). Ver Nombres Israelitas.

Natasha   (ruso) "nacimiento de Cristo". Variación de Natalia.

Nedra   Nombre literario inventado por George Barr McCutcheon, autor de la novela del mismo nombre.

Neelam   (hindi) "diamante". Se pronuncia Nílam.

Nekane   (vasco). Variación de Dolores.

Nerina   (griego, derivado del latín) "humedad". Relativo a Nereo, una divinidad marina que regía el mar Mediterráneo.

Nerissa Nombre literario de una obra de William Shakespeare, "El Mercader de Venecia".

Nicole (griego) "la victoria de un pueblo". Variación femenina de Nicolás.

Nilgün (turco) "El sol del río Nilo". Se pronuncia Nilguiún.

Nohema Variación femenina de Noé, que significa "errante".

Norlena Combinación de Nora y Arlena.

Noor (árabe) "luz". La reina de Jordania, Noor al Hussein "Luz de Hussein".

Nur (árabe) "día".

Olaya (español) "la elocuente". Variación de Eulalia.

Olimpia (griego) "relativo al Olimpo", el monte sagrado, hogar de los dioses en la mitología griega.

Pamela (griego). Derivado de Pam-meli, que significa "toda miel". Nombre formado por primera vez por Sir Philip Sidney para un personaje de "Arcadia", utilizando los dos vocablos griegos.

Pandora

(griego). Nombre de la esposa del titán Epitemeo, quien imprudentemente abrió la caja que encerraba todos los males de la raza humana que su cuñado Prometeo había encerrado para proteger a la humanidad.

Pastora

(español-latín) "pastizal". La presentadora española Pastora Vega.

Perihan

(turco) "el genio real". Se pronuncia Periján.

Perséfone

(griego) "destructora". La hija de la diosa Deméter, en la mitología griega, quien fuera raptada por Plutón para vivir con ella en el averno.

Pollyanna

Nombre compuesto por Polly y Anna. "Pollyanna", película de Walt Disney, estelarizada por la actriz inglesa Haley Mills.

Priscilla

(latín) "de tiempos pasados". La actriz Priscilla Presley.

Prioska

(húngaro) "la de piel sonrosada".

Proserpina

(romano). Otro nombre de Perséfone(ver).

Psique   (griego) "alma". De la leyenda "El Amor y Psique", que relata el romance de la princesa Psiquè y de Cupido, el hijo de Venus.

Sadunashí   Variación gráfica del zapoteca Donají. Ver Nombres Indígenas.

Sakura   (japonés) "flor de cerezo".

Sangeeta   (hindi) "la mujer musical". Se pronuncia Sanguíta.

Sasha   (hindi) "salvadora de la humanidad".

Sayde   (árabe). El nombre de una virgen libanesa.

Shari   (húngaro). Variación de Sara, "princesa". La actriz Shari Belafonte.

Sharmila   (hindi) "niña tímida".

Shinobu   (japonés) "soportar".

Sohad   (árabe) "felicidad".

Tabatha   (arameo) "gacela". La hija de la bruja Samantha Stevens en la serie de televisión "Hechizada". Se pronuncia Tábata. Variación gráfica: Tabitha.

Tallulah
(indo-americano). Nombre de un lugar en norteamérica. Nombre popularizado por la actriz Tallulah Bankhead.

Tania
(ruso). Abreviación de Tatiana.

Tatiana
(ruso). Significado desconocido.

Thais
(griego) "florecimiento". La novela de Anatole France, del mismo nombre.

Thelma
(griego) "voluntad".

Themis
(griego) "orden". Según la mitología griega, Themis era la encargada de reunir a los dioses del Olimpo y de establecer la ley y el orden.

Tomiko
(japonés) "rica".

Tomoko
(japonés) "amigable".

Vashti
(inglés) "estrella". Variante de Esther. Se pronuncia Váshtai.

Wanda
(yugoslavo). Nombre legendario de significado desconocido.

Yamile
(árabe) "bella".

Yamuna
(hindi). Nombre de un río que fluye desde las nieves del Himalaya en la India. Considerado como una de las dos hijas del Monte Sagrado.

Yayoi
(japonés) "marzo" o "primavera".

Yudum
(turco) "sorbo de agua"

Zara
(árabe) "lleno de flores". También puede ser variante de Sara.

LOS NOMBRES
DEL JET SET

He aquí una lista de nombres exclusivos, internacionales, lo que se dice "chic". Son nombres que aparecen publicados con gran regularidad junto con alguna noticia relacionada con la sociedad más añeja de Europa, con algún escándalo novelesco, o bien, con algún cambio en las fortunas más extensas del mundo.

Algunos de estos nombres son fáciles de pronunciar, otros son un verdadero reto. Unos aparecen con frecuencia en las revistas de actualidad y otros apenas comienzan a hacerse famosos. Lo importante aquí es que son lo "in" para la década de los noventas y muy probablemente lo sigan siendo durante varias generaciones más.

Elija el que más le guste y deje que su bebé comience su vida con el pie derecho portando un nombre interesante y exclusivo. Su hijo se lo agradecerá...

NOMBRES MASCULINOS
DEL JET SET

Balduino (germano) "el audaz". El rey Balduino de Bélgica, quien abdicó al trono de su país para no firmar la Ley del Aborto.

Bansi (hindi). Bansi Naggi, elegante abogado británico que acaba de contraer nupcias con la actriz inglesa Emma Samms (de la serie de televisión "Dinastía").

Bogdan (origen desconocido). El hijo mayor del líder polaco, Lech Walesa.

Carlo Variación italiana del germánico Carlos "El Fuerte". Carlo Ponti Jr., el atractivo hijo mayor de la actriz italiana Sophia Loren.

Constantino   (latín) "firme". El rey Constantino de Grecia.

Harald   (anglosajón) "el poderío de la armada". Variación de Aroldo. El rey Harald de Noruega.

Issur   (ruso). Nombre original del conocido actor Kirk Douglas.

Linley   (origen aparentemente anglosajón). El vizconde Linley, hijo de la princesa Margarita de Inglaterra y de lord Snowdon.

Mikhail   (ruso). Variación de Miguel, "¿Quién es como el Señor?". Mikhail Gorbachev, líder ruso, responsable de la creación de la Perestroika y de la occidentalización de su país. Mikhail Baryshnikov, gran bailarín clásico.

Milko   Variación diminutiva de Miguel. Milko Skofic, Jr., hijo único de la actriz italiana Gina Lollobrigida.

Rainiero   (germano) "la organización del ejército". El príncipe Rainiero de Mónaco, esposo de la fallecida actriz Grace Kelly.

Stefano

(italiano). Variación de Esteban "corona". Stefano Casiraghi, el desaparecido esposo de la princesa Carolina de Mónaco. Se pronuncia Stéfano.

NOMBRES FEMENINOS
DEL JET SET

Agniszka   (polaco). Variación de Agnes "casta". Agniszka Drozdowicz, nuera del ganador del Premio Nobel de la Paz, Lech Walesa.

Carolina   Derivado de Carlos, nombre de origen germano que significa "fuerte" La princesa Carolina de Mónaco.

Cósima   (griego) "mundo". Variación italiana de Cosme. Cósima von Bulow, escritora e hija única del millonario Claus von Bulow.

Cheyenne   Nombre de un pueblo indo-americano. Cheyenne Brando, la hija del actor Marlon Brando. Se pronuncia Shaién.

Danuta

(nórdico). Danuta Walesa, esposa del líder polaco, Lech Walesa.

Diana

(latín) "divina". La princesa Diana de Gales, considerada como la mujer mejor vestida del mundo.

Diandra

Combinación de Diana y Sandra. Diandra Douglas, esposa del actor y director de cine Michael Douglas.

Donatella

(italiano) "regalo de Dios". Donatella Versace, hermana y consejera del destacado diseñador italiano Versace.

Emmanuela

(hebreo) "Dios está con nosotros". Doña Emmanuela de Dampierre, madre de don Gonzalo de Borbón, aristócrata español.

Estefanía

(griego) "corona". Estefanía de Mónaco, hija menor del príncipe Rainiero y de la fallecida actriz Grace Kelly.

Farah

(iraní). Farah Pahlevi, emperatriz de Irán y madre del futuro emperador Reza II.

Gaetana

(español). Gaetana Enders, periodista del jet set español y de la revista "¡Hola!"

Imperio

(latín) "gobierno". Imperio Argentina, famosa actriz y cantante española.

Ivana

(ruso). Variación de Juana, "Jehová es piadoso". Ivana Trump, ex esposa del magnate Donald Trump, uno de los hombres más ricos de América.

Ivanka

(ruso). Variación de Ivana. Ivanka Trump, hija de Ivana y Donald Trump.

Jasmina

(persa). Nombre de una flor originaria de la India. La princesa Jasmina, esposa del heredero al trono iraní, Reza II.

Madonna

(italiano) "virgen". La popular y controvertida cantante norteamericana, muy de moda en la actualidad.

Margaux

(francés). Variación de Marguerite, que significa "perla". Margaux Hemingway, hija del célebre escritor Ernest Hemingway. Se pronuncia Margó.

Marla

Variación de Marlene y de María. Marla Maples, la afortunada prometida del ultramillonario Donald Trump.

Noelene   Combinación de Nora y Elena. Noelene Edwards, ex esposa del famoso actor australiano Paul Hogan ("Crocodile Dundee").

Odile   (germano) "felicidad". Odile Rodríguez de la Fuente, prometida de Carlo Ponti, Jr., hijo mayor de Carlo Ponti y Sophia Loren. Se pronuncia Odíl.

Paloma   (latín) derivado de Palumbes, "pichón salvaje". Paloma Picasso, hija del pintor Pablo Picasso y miembro importante del jet set internacional.

Shaila   (árabe). La hija menor de la cantante Rocío Dúrcal.

Steffi   (germano). Variación de Estefanía. Steffi Graff, una de las tenistas más importantes del mundo.

Tippi   (origen y significado desconocidos). La actriz Tippi Hedren, madre de la también actriz Melanie Griffith y protagonista del filme de Alfred Hitchcock, "Los Pájaros".

Vaitiare   (polinesio). Vaitiare, la sofisticada modelo tahitiana, el amor del cantante español Julio Iglesias.

Whoopi

(inglés). Derivado de "whoopee", "gran parranda o jolgorio". La actriz cómica de color Whoopi Goldberg, ganadora del Oscar por su actuación en la película "Ghost".

NOMBRES
ISRAELITAS

En México, al igual que en otros muchos países, existe una importante comunidad israelita, y esta sección está dedicada únicamente a nombres de origen hebreo.

Existen dos tendencias predominantes para bautizar a los niños israelitas. Adicionalmente a los nombres ya popularizados originales de la Biblia, como Jacobo, Ruth y Rebeca, se están hoy utilizando los de figuras del Viejo Testamento, como Amón y Gad.

La segunda tendencia importante es deletrear nombres comunes de manera distinta, obteniendo así nombres bíblicos modernizados, como sería el caso de Yaakovo, en vez de Jacobo, o de Dlila, en vez de Dalila.

A continuación presento una lista de dichos nombres que fue recopilada según información procedente del Consulado Israelí en Nueva York. Espero les resulte de utilidad para el nuevo bebé y ¡Mazaltov!

NOMBRES ISRAELITAS
PARA NIÑO

Aarón   "el montañés". El hermano de Moisés, en la Biblia. El actor Aarón Hernán.

Abdías   "esclavo de Jehová".

Abdiel   "esclavo de Dios".

Abimael   "padre de un Dios". Uno de los descendientes de Sem.

Ageo   "solemne". Uno de los profetas de la Biblia.

Amul   "Dios es mi pueblo".

Amirov   "mi pueblo es grande".

Amós
"el que lleva la carga". Uno de los profetas de la Biblia.

Aram
"altura". Nombre de uno de los nietos de Noé.

Ariel
"león de Dios". Femenino en francés: Arielle. El nombre de la protagonista en la película de dibujos animados de Walt Disney,. "La Sirenita".

Asa
"médico".

Asher
"afortunado".

Azael
"hecho de Dios".

Avir
"fuerte y noble".

Azarías
"socorro de Jehová". El profeta hebreo sacrificado por negarse a adorar la efigie del rey Nabucodonosor.

Caleb
"arrojado, audaz". Nombre popular en el Siglo XIX en Estados Unidos.

Dan
"juez". El hijo de Jacob.

Daniel
"Dios es mi juez". El profeta encargado de interpretar los sueños del rey Nabucodonosor. El personaje de dibujos animados "Daniel el Travieso".

David   "amado". El segundo rey de Israel, quien mató al gigante Goliat con un tirador.

Dror   "libertad".

Eli   "altura". El actor norteamericano Eli Wallach. En inglés se pronuncia Ilai.

Ehud   "alabanza".

Enoch   "dedicado al Señor".

Gurión   "lugar donde vive el Señor".

Hayyim   "vida".

Hazael   "hecho de Dios".

Israel   "gobernando con el Señor". Fue el nombre que recibió Jacob tras luchar con Dios.

Ittamar   "isla de Palmas".

Jael   "cabra montañesa".

Jabez   "él traerá consigo la tristeza".

Josafat   "el juicio de Jehová".

Josué   "Jehová salva". El Josué bíblico condujo a los israelitas a través del Río Jordán hasta la Tierra Prometida, a la muerte de Moisés.

Kaleb   "impetuoso". El único explorador de la tribu de Judá que logró entrar a la Tierra Prometida.

Labán   "blanco". Nombre de uno de los patriarcas de la Biblia.

Lael   "tengo la luz".

Lemuel   "Devoto de Dios".

Menahem   "el que conforta".

Miguel   "¿Quién es como el Señor?"

Mordecai   Derivado del dios Persa, Marduc.

Nahúm   "consuelo". Nombre de uno de los profetas de la Biblia.

Nazareno   "Procedente de Nazareth", una antigua ciudad de Galilea.

Neftalí   "combate". Un hijo de Raquel y Jacob.

Sansón "similar al sol". Un héroe del Viejo Testamento, cuya fuerza provenía de su largo cabello, que fue cortado por Dalila, para entregarlo a los fariseos.

Saúl "el requerido". Nombre del primer rey del pueblo israelita.

Shai "regalo".

Uriel "Dios es mi luz". Fue uno de los cuatro arcángeles a quien el poeta inglés John Milton describió como "el regente del sol".

Uziel "Dios es poderoso".

Uzi "mi fortaleza".

Yael "la fuerza de Dios".

Yoav "Dios es mi padre".

Yoram "alabado sea Dios".

Yubal "melodía".

Zedequías "Jehová es poderoso". El nombre del último rey de Judea.

Zevie "venado". Variación: Tevye, como el protagonista principal de "El Violinista en el Tejado".

NOMBRES ISRAELITAS
PARA NIÑA

Abigail   "alegría del padre".

Ada   "adorno, belleza".

Ahuda   "alabanza".

Ana   "la benéfica". Ver Variaciones a Otros Idiomas.

Anat   "encantadora".

Atalia   "adoración a Dios".

Avishag   "deleite del padre".

Beruria   "la elegida de Dios".

Chava   "vida". Equivalente a Eva. Variante de Hava.

Hava   "vida". Una de las hijas de Tevye en la obra musical "El Violinista en el Tejado"

Dalila   "pobreza". La Dalila bíblica es quien traiciona a Sansón haciéndole perder su fuerza al cortarle el cabello.

Dina   "quien fue vengada". La hija de Lea y Jacob en la Biblia.

Ditza   "alegría".

Elizabeth   "juramento a Dios". Variación de Isabel. La reina Isabel II de Inglaterra y la actriz Elizabeth Taylor. Ver Variaciones a Otros Idiomas.

Elana   "roble".

Galilea   Nombre de un lugar bíblico (el mar de Galilea).

Gila   "alegría". Similar a Ditza.

Jemima   "paloma". Derivado de Yemimah. Se pronuncia Yemáima. La negrita conocida como Aunt Jemima (La Tía Jemima), que aparece en esa marca de harinas para pasteles y hot cakes.

Jerusha   "casada". La heroína del libro "Hawaii", de James Michener, quien acompaña a su esposo, un misionero cristiano, a colonizar las islas del Hawaii. Se pronuncia Yerúsha.

Jessica "Jehová te observa". La aguda escritora de novelas de misterio, Jessica Fletcher, en la serie "Reportera del crimen".

Judith "procedente de Judea". Según la Biblia, una mujer de extraordinaria belleza quien salvó a su pueblo al matar a Holofernes.

Kinnereth Nombre de un lugar cerca del mar de Galilea.

Lía "lánguida". Nombre de la primera esposa de Jacob.

Magdalena "mujer procedente de Magdala". Se refiere a una antigua aldea a orillas del mar de Galilea.

Mahala "ternura". Se pronuncia "Majála".

Mara "amargura". Variación de María. Ver Variaciones a Otros Idiomas.

Nehama "consuelo".

Nili "azul, como el Río Nilo".

Nira "luz".

Noemí "agradable". La suegra de Ruth en la Biblia. Variación, Naomi.

Ofra "doncella vivaraz". Variación gráfica, Ophrah.

Peninah "perla".

Rina "canción, alegría". La telenovela mexicana del mismo nombre, con Ofelia Medina.

Tamah "asombro".

Tamara "palmera". La actriz Tamara Garina.

Tikva "esperanza".

Tirza "agradabilidad". La esclava de quien se enamora el príncipe Juda Ben Hur en la novela "Ben-Hur", de L. Wallace.

Zéfira "amanecer". Nombre de una famosa canción cómica mexicana.

Zilla "sombra". Nombre de la madre de Tubal-cain, el herrero, en la Biblia. Se pronuncia Zila.

Zippora   "ave". La esposa de Moisés.

Zofeya   "Dios nos mira". Equivalente a Sofía.

ADVOCACIONES
A LA
VIRGEN MARIA

En un país como México, donde, para muchas familias, la religión Católica es parte imprescindible de la vida cotidiana, es costumbre dar a las niñas el nombre de María en adición al nombre que se haya elegido por gusto o por herencia.

Así pues, nos hallamos con cientos de niñas llamadas María Eugenia, María Gabriela, María Elba, María Teresa, María Antonieta, etc., con el propósito fundamental de advocar a la Virgen María. Sin embargo, existen otros muchos nombres que también son advocaciones a la Virgen, en otros idiomas, igualmente bellos y aún más originales, que evitan la repetición constante de María.

Lea a través de esta sección y conozca algunas variaciones que se refieren también a los demás nombres por los que se conoce a la Virgen María, en las distintas regiones de nuestro mundo, y utilice la que más le guste.

ADVOCACIONES A LA VIRGEN MARIA

Anunciación   Nombre místico derivado del latín.

Araceli   (romano) "altar celestial". Referente a Santa María de Araceli, en Roma.

Atocha   (madrileño). Referente al santuario de Atocha y también al Santo Niño de Atocha, en México.

Auxilio   (latín) "socorro". Referente a la virgen que se festeja el 24 de mayo.

Begoña   (vasco) "lugar del cerro dominante". Su santuario se localiza en Bilbao, España.

Candelaria   (latín) "brillar, estar candente". Día en que se celebra la Purificación de la Virgen.

Carmen   (hebreo) "viña de Dios". Referente a Nuestra Señora del Carmen, en Israel, y que se festeja en México el 16 de julio.

Concepción   (latín) "recolectar". Referente a la Inmaculada Concepción de la Virgen María.

Concetta   (italiano). Referente a la Purísima Concepción. Se pronuncia Concheta.

Consejo   (latín) "deliberación". Referente a Nuestra Señora del Buen Consejo, cuyo templo se alza en México, en la colonia Polanco.

Covadonga   (español) "cueva larga". Originario de la provincia de Asturias en España.

Dolores   Referente a los siete dolores de la Virgen María. Considerado un nombre místico.

Fátima   (portugués) "destetar". Referente a Nuestra Señora del Rosario de Fátima, aparecida en 1927 en Santarem, Portugal.

Fuensanta   (español). Proveniente de la Provincia de Murcia, España, de donde es patrona Nuestra Señora de la Fuensanta.

Guadalupe   (posiblemente derivado del náhuatl Coatlaxopeuh) "la que se paró sobre la serpiente". La Virgen de Guadalupe, virgen del Tepeyac, quien se apareció al indiecito Juan Diego para pedir la construcción de su templo y que hoy es la Santa Patrona de México.

Izaskum   (vasco) "aliaga del valle". Su santuario se encuentra en Tolosa.

Iziar   (vasco) "desde el acantilado". Originario de Guipuzcoa, España.

Lourdes   (francés). Referente a Nuestra Señora de Lourdes en Francia, quien se apareció por primera vez a una jovencita llamada Bernadette Soubirous en el Siglo XIX. En su santuario hay un manantial con aguas curativas al que acuden visitantes de todas las latitudes.

Luz   (latín). Referente a Nuestra Señora de la Luz.

Macarena   (español). La Virgen de la Esperanza, de la Catedral de Sevilla, España

Mercedes   (latín) "recompensa". Nuestra Señora de la Merced, que se festeja el 24
de septiembre.

Milagros   (latín) "maravilla". Referente a
Nuestra Señora de los Milagros.

Montserrat   (catalán). Referente al monasterio de
la serranía de Montserrat, en Catalu-
ña, España.

Nuria   (catalán) "poblado entre montes".
Del Santuario de Nuestra Señora de
Nuria, en Gerona, España.

Ocotlán   (tlaxcalteca). Nuestra Señora de
Ocotlán, patrona de Puebla.

Olvido   (latín). Referente a Nuestra Señora
del Olvido.

Socorro   (latín) "auxiliar". Nuestra Señora del
Perpetuo Socorro, venerada como
patrona de Rusia.

NOMBRES
INDIGENAS

¿Sabía usted que los populares José, Lourdes y Juan no son nombres españoles, y mucho menos mexicanos? Ni siquiera el nacionalísimo María, que originalmente proviene de la Biblia.

Todos estos nombres son traducciones ya sea del francés, del inglés o de cualquier otra lengua, de donde se hicieron adaptaciones hace ya cientos de años. Sin embargo, no hay necesidad de recurrir siempre a extranjerismos. Hay personas en México que, definitivamente, prefieren utilizar nombres en náhuatl o, bien, mixtecos, zapotecos o mayas. Existe una infinidad de nombres bellísimos, con significados casi premonitorios de suerte, alegría y fortuna, desconocidos para el público en general y que hoy podemos presentar en esta sección y comenzar a utilizar nuevamente. De Itzel a Tzitzin; de Tlohtzin a Ameyatzin y Yuriria, la variedad es interminable... Compruébelo y disfrute de estas joyas netamente originales de nuestros países latinos.

NOMBRES INDIGENAS
MASCULINOS

Acacitli   (náhuatl) "liebre de las aguas".

Acalli   (náhuatl) "que flota en el agua".

Acatl   (náhuatl) "carrizo de agua".

Acolhua   (náhuatl) "el fuerte".

Ahuitz   (náhuatl) "que tiene alas para volar".

Alam   (maya) "cachorrito"

Amacalli   (náhuatl) "cajita de papel".

Amapan   (náhuatl) "bandera de papel".

Analco   (náhuatl) "de la otra parte del río".

Anom   (maya) "el primer hombre".

Atahualpa   (quechua) "ave de la fortuna". El nombre del último emperador inca del Perú.

Atl (náhuatl) "agua".

Atemoc (náhuatl) "agua que se va".

Atlacuic (náhuatl) "aguador".

Atzin (náhuatl) "agüita".

Axcan (náhuatl) "tiempo presente".

Ayo (náhuatl) "que tiene jugo".

Ayohtli (náhuatl) "calabaza".

Balam (maya) "tigre". La historia maya de Chilam Balam.

Camazotz (maya) "el dios murciélago". El poderoso adversario de los valientes gemelos de la leyenda maya del Popol-Vuh.

Cuauhtémoc (náhuatl) "águila que cae". Nombre del último emperador azteca.

Cuixi (náhuatl) "gavilán".

Ehécatl (náhuatl) "aire".

Huacari (inca). El bello y joven príncipe de la leyenda "La Gruta de las Maravillas".

Hueyatentali (náhuatl) "en la orilla del mar".

Ixcahuatzin (náhuatl) "el desdeño". Es el niño que accidentalmente tira al suelo su ofrenda durante el bautizo de la princesa Xúchitl, en la novela de Salvador de Madariaga, "Corazón de Piedra Verde".

Iztac (náhuatl) "que es de color blanco".

Iztlli (náhuatl). El dios del cuchillo de los sacrificios de la mitología náhuatl.

Kukulcán (maya). El equivalente a Quetzalcóatl ("serpiente emplumada") en la mitología maya.

Moctezuma (náhuatl) "el amo enojado". El nombre de dos emperadores aztecas.

Nematini (náhuatl) "astuto".

Ohtli (náhuatl) "que lleva a otro lado".

Ollin (náhuatl) "movimiento". Nombre de la sala de conciertos Ollin Yoliztli.

Suá (chibchá) "el Sol". El Sol, según la mitología chibchá de Colombia.

Tabaré (tupí) "aquel que vive lejos del pueblo".

Tenatic   (náhuatl) "famoso".

Tizoc   (náhuatl) "el penitente". Película mexicana del mismo nombre que le valió el premio Osa de Plata de Rusia a Pedro Infante como el mejor actor del mundo en 1957.

Tláloc   (náhuatl). El Dios de la Lluvia de la mitología náhuatl.

Tlohtzin   (náhuatl). Fue el primer tolteca-chichimeca.

Tonatiúh   (náhuatl) "el Dios Sol". El cielo más alto y el mayor honor para los guerreros aztecas.

Tototl   (náhuatl) "pájaro".

Xamitl   (náhuatl) "adobe de barro". Se pronuncia Shamitl.

Xanat   (totonaca) "flor de vainilla". Se pronuncia Shánat.

Xicoténcatl   (náhuatl) "originario del lugar de los abejorros". Se pronuncia Shicoténcatl o Jicoténcatl.

Xihuitl   (náhuatl) "año". Se pronuncia Shíhuitl.

Yoltic

(náhuatl) "que está vivo".

Zipacná

(maya) "creador de montañas". El hijo mayor de Vucub-Caquix, en la leyenda maya del Popol-Vuh.

NOMBRES INDIGENAS
FEMENINOS

Abal   (maya) "ciruela".

Abil   (maya) "nieta".

Ahuic   (náhuatl) "la diosa del agua".

Alitzel   (maya) "niña sonriente". Nombre
                    derivado originalmente de Tzel-Alit.

Anacaona   (taíno) "flor de oro". Nombre de una
                    princesa indígena muerta por los
                    españoles en el Siglo XVI en la Isla
                    de Santo Domingo.

Anayansi   (inca) "la llave de la felicidad".

Ayonectili   (náhuatl) "agua de miel".

Celic   (náhuatl) "temura".

Cihuapilli   (náhuatl) "que es una gran mujer".

Citlali

(náhuatl) "estrella". La nodriza de la princesa Xúchitl en la novela "Corazón de Piedra Verde", de Salvador de Madariaga.

Citli

(náhuatl) "liebre".

Coatlicue

(náhuatl). La madre de Quetzalcóatl en la mitología náhuatl, además de una de las cinco diosas lunares.

Coyoli

(náhuatl) "cascabel".

Cuauhtli

(náhuatl) "agua". De donde proviene el nombre de la ciudad de Cuautla, que cuenta con el segundo manantial de aguas medicinales más importante del mundo.

Didjazá

(zapoteca) (significado desconocido).

Donají

(zapoteca) "será amada" o "virgen amada". Nombre de una princesa oaxaqueña.

Eréndira

(tarasco) "la risueña".

Illacheni

(zapoteca) "flor de nochebuena".

Irasema

(tupí) "salida de la miel".

Itzel (maya) "lucero de la tarde".

Ixchel (maya) "arco iris". La diosa maya del agua.

Jacaranda (tupí) "olor penetrante". Nombre de una flor muy popular en México.

Mahuiztic (náhuatl) "admirable".

Mayahuel (náhuatl) "La diosa del pulque" en la mitología náhuatl, según el códice Magliabechi.

Metztli (náhuatl) "luna".

Mitl (náhuatl) "flecha".

Misol-ha (maya) Nombre de una cascada de Guatemala.

Moztla (náhuatl) "el futuro".

Naxca (náhuatl) "mía".

Nayeli (zapoteca) "te quiero".

Nema (náhuatl) "vivir".

Omixóchitl (náhuatl) "azucena".

Oyomal (zapoteca) "estrella". Similar a Citlali.

Quetzalli (náhuatl) "preciosa".

Teotetl (náhuatl) "piedra divina" .

Tetl (náhuatl) "piedra".

Tititl (náhuatl) "de nuestro vientre".

Tlalli (náhuatl) "tierra".

Tlaleochihuálatl (náhuatl) "agua bendita".

Tlayequitali (náhuatl) "agradable".

Tlazoltéutl (náhuatl). Una diosa de la tierra y del amor en la mitología náhuatl.

Tzitzin (náhuatl) "campanita".

Tzopeletl (náhuatl) "agua dulce".

Xalli (náhuatl) "arena".

Xalpiccilli (náhuatl) "arena menuda". Se pronuncia Jalpichili.

Xiadani (zapoteca) "la flor que llegó". Se pronuncia Shiadani.

Xochiquetzal (náhuatl). La diosa de las flores de la mitología náhuatl.

Xóchitl   (náhuatl). Variación de Xúchitl.

Xúchitl   (náhuatl) "flor". La heroína azteca que se casa con un español en la novela "Corazón de Piedra Verde".

Yalalac   (zapoteca). Nombre de un poblado del estado de Oaxaca.

Yara   (tupí) "señora".

Yolia   (náhuatl) "corazón femenino".

Yolotzin   (náhuatl) "corazoncito".

Yuridia   (de la parte lacustre del occidente de México). La cantante mexicana Yuri.

Yuriria   Variación de Yuridia.

Zacnité   (maya) "flor blanca".

VARIACIONES A OTROS IDIOMAS

Existen en todo el mundo personas conservadoras que, en cuanto a la elección de un nombre, prefieren no desviarse demasiado de lo usual. Jorge, José, Antonio, Pedro, Isabel, María, Elena, Carlos, etc., son todos nombres sencillos y bien aceptados. Su única desventaja quizá sea el hecho de que todos pensamos lo mismo, así que la repetición de estos apelativos se sucede con demasiada frecuencia. ¿A quién le gusta encontrar otros cinco Carlitos en la escuela, o cuatro Robertos más en el trabajo?

Si usted aún insiste en que le gustaría utilizar alguno de estos nombres, hay una sencilla solución al problema. Simplemente traduzca a otro idioma el que más le guste. Existen equivalentes maravillosos en francés, polaco, ruso, griego y hasta en húngaro.

De esta forma se matan dos pájaros de un tiro: se utiliza el nombre preferido repitiendo, sin repetir verdaderamente, y se aprovecha alguna de las maravillosas versiones extranjeras provenientes de todo el mundo.

Consulte esta sección y compruebe por sí mismo la versatilidad de los nombres más populares del orbe. Quedará encantado cualquiera que sea su elección.

VARIACIONES EN OTROS IDIOMAS EN NOMBRES PARA NIÑA

Ana

"gracia" Anne, Ann (inglés)
Hannah (hebreo)
Anna (holandés)
Ana (rumano)
Aino (finlandés)
Nina (dim. ruso)
Karime (árabe)

Bárbara

"extranjera" Barbara (inglés)
Barbro (sueco)
Varvara (ruso)
Babs (dim. inglés)

Catalina

"pura" Katherine (inglés)
Catherine (francés)
Caterina (italiano)
Katinka (dim. ruso)
Katalin (húngaro)
Katarzyna (polaco)
Katri (finlandés)
Katerini (griego)
Katharina (alemán)
Karen (danés)
Kaisa (dim. finlandés)

Dorotea

"regalo de Dios" Dorothy (inglés)
Dorothea (alemán)
Darinka (yugoslavo)
Dorthea (danés)

Elena

"la brillante" Helen, Ellen (inglés)
Hélène (francés)
Halina (polaco)
Galina (ruso)
Ilona (húngaro)
Alena (checoslovaco)
Helene (danés)
Helena (alemán)
Eléna (rumano)
Eleni (griego)

Eva

"vida" Eve (inglés). Se pronuncia Iv.
Hava, Chava (hebreo). Se pronuncia
Java.
Ava (alemán)
Ewa (polaco). Se pronuncia Eva.

Irene

"paz" Irene (inglés). Se pronuncia
Airín.
Irena (polaco)
Irina (ruso)

Isabel

"juramento a Dios" Elizabeth (inglés)
Isabelle (francés)
Isabella (italiano)
Ishbel (escocés)
Isobel (inglés)

Erzsebét (húngaro)
Els (holandés) Liisa (finlandés)

Juana

"Jehová ha sido bondadoso" Jane,
Joan (inglés). Se pronuncian Yéin y
Yóun. Jeanne (francés). Se pronun-
cia Yan.
Johanne (danés)
Ivanka (yugoslavo)
Hannie (holandés)
Joana (portugués)

Margarita

"perla" Margaret (inglés)
Marguerite (francés)
Margethe (danés)
Greet (holandés)
Gretchen (holandés)
Margherita (italiano)
Margarida (portugués)
Gretel (alemán)

María

"amargura" Mary (inglés)
Marie (francés). Se pronuncia Marí.
Mija (finlandés)
Mariya (yugoslavo)
Marya (polaco) Marika (griego)
Marah (hebreo)
Marietje (holandés)

Rosa

(nombre de una flor) Rose (inglés)
Ruza (yugoslavo)
Ruzena (checoslovaco)

Triantafillia (griego)
Ruusu (finlandés)

Sara

"princesa" Sarah (inglés)
Sadie (dim. inglés)
Siiri (finlandés)
Sárka (checoslovaco)
Shari (húngaro)

Susana

"Lirio" Susan (inglés)
Suzanne, Suzette (francés)
Zsuzsa (húngaro)
Susannah (hebreo)

VARIACIONES EN OTROS IDIOMAS EN NOMBRES PARA NIÑO

Alejandro
"rechazar" Alexander (inglés)
Alexandros (griego)
Alexei (ruso)
Alessandro (italiano)
Alexándru (rumano)
Alexandre (francés)

Andrés
"varonil" Andrew (inglés)
André (francés)
Andreas (griego)
Andréiu (rumano)
Andrea (italiano)
Anders (sueco)
Andrzej (polaco)
Andrei (ruso)

Antonio
"defensor" Anthony (inglés)
Antún (libanés)
Antoine (francés). Se pronuncia Antuán.
Anton (yugoslavo, rumano)
Anti (finlandés)
Antoni (polaco)

Carlos

"victorioso" Charles (inglés, francés)
Carlo (italiano)
Karl (alemán, danés)
Karel (checoslovaco)
Károly (húngaro)
Kalle (sueco)
Halle (finlandés)

Enrique

"el varón gobernante" Henry (inglés)
Henri (francés). Se pronuncia Anrí.
Einar (sueco. Se pronuncia Ainár).
Henrique (portugués)
Enrico (italiano)
Henrik (danés)
Hendrik (holandés)
Heikki (finlandés)

Esteban

"corona" Steven, Stephen (inglés)
Etiénne (francés)
Stefan (rumano)
Stefano (italiano)
Stávros (griego)
Václav (checo)
István (húngaro)
Stephanos (griego)
Stefan (alemán). Se pronuncia Shté-
fan.

Francisco

"libre" Francis (inglés)
Franz (alemán)
Francois (francés). Se pronuncia
Fransuá.
Frans (holandés)

Guillermo

"el protector" William (inglés)
Bill (dim. inglés)
Guillaume (francés). Se pronuncia
Guillóm.
Ville, Viljo (finlandés)
Hellmut (sueco)
Wilhelm (alemán). Se pronuncia
Vilhélm.
Guglielmo (italiano)
Vasilos (griego)

Jorge

"campesino" George (inglés)
Georges (francés)
Giorgio (italiano)
György (húngaro)
Yrjö (finlandés)
Jerzy (polaco)
Jirí (checoslovaco)
Djuro (yugoslavo)
Georgei (ruso)
Georg (alemán)
Georgios (griego)
Yuri (dim. ruso)

José

"añadidura" Joseph (inglés)
József (húngaro)
Josip (yugoslavo)
Yusuf (turco)
Josef (alemán)
Giuseppe (italiano)

Juan

"Dios ha sido bondadoso"
John (inglés)
Jon (irlandés)
Jean (francés)
Evan (galés)
Hans (alemán)
Jonas (lituano)
Sean, Shaun (irlandés) Se pronuncia Shón.
Ian (irlandés)
Jan (checoslovaco)
Yiannis (griego)
Joannes (griego)
Ivan (ruso)
Vanya (dim. ruso)
Hana (árabe)
Johan, Johannes (danés)
João (portugués)
Hannu, Jussi (finlandés)
Jan (holandés)
Ioán (rumano) Giovanni (italiano)

Luis

"príncipe guerrero"
Louis (inglés, francés)
Luigi (italiano)
Luiz (portugués)
Ludwig (alemán). Se pronuncia Lúdvig.
Lajos (húngaro)

Miguel

"¿Quién es como el Señor?" Michael (inglés). Se pronuncia Máicol.

Michel (francés)
Mixalis (griego). Se pronuncia Mijá-
lis.
Mihaí (rumano)
Mikhail (ruso)
Milan (checoslovaco)
Mihály (húngaro)
Michele (italiano). Se pronuncia
Miquéle.
Mischa (dim. ruso)

Pablo

"pequeño" Paul (inglés)
Poul (danés)
Pavlos (griego)
Pavel (ruso)
Paavali, Paavo (finlandés)
Paulo (italiano)

Patricio

"de doble cuna" Patrick (inglés)
Padraic (irlandés)
Paddy (dim. irlandés)
patrizio (italiano)

Pedro

"roca, piedra" Peter (inglés). Se pro-
nuncia Píter.
Pierre (francés)
Peter (alemán). Se pronuncia Péter.
Pietro (italiano)
Petros (griego)
Pieter (holandés)
Piotr (ruso)
Per (sueco)

Pekka (finlandés)
Butros (árabe)
Panayiotos (griego)

Sergio   (gentilicio) Nombre de un pueblo de
la antigua Roma
Sérge (francés)
Sergei (ruso)
Serge   (inglés)

Esta edición se imprimió Septiembre de 2001, en UVPRINT. Sur **26 A**
No. 14 Bis México, D.F. 08500